W0012213

ZUZANNA KISIELEWSKA

ILLUSTRATIONEN VON AGATA DUDEK UND MAŁGORZATA NOWAK

VON CARPE DIEM BIS POST SCRIPTUM

100 (GAR NICHT SO) ANTIKE REDEWENDUNGEN UND IHRE GESCHICHTEN

Aus dem Polnischen von Marta Kijowska

Hanser Verlag

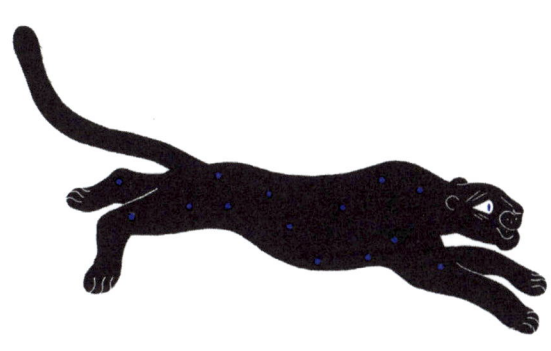

Für einen kurzsichtigen Menschen kann Angst ein Wegweiser sein.
Sappho von Lesbos

VORWORT

Ich erinnere mich sehr gut an meinen Lateinunterricht. Zwischen uns Gymnasiasten und Frau Professorin Krasicka, die sich für alles begeisterte, was in der Zeit vor Christi Geburt geschehen war, bestand eine ständige Abhängigkeit: Je größer der Enthusiasmus war, mit dem sie uns die Nuancen der lateinischen Grammatik erklärte, desto größer wurden unsere Augen.

Der Unterricht glich **BELLUM OMNIUM CONTRA OMNES**, also einem Krieg aller gegen alle. An die Tafel gerufen, mit den Augen ums Vorsagen bettelnd, rezitierten beziehungsweise stotterten wir Fragmente von Julius Cäsars *De bello Gallico* (*Der Gallische Krieg*). Oder deklinierten, wie beim Lottospiel auf einen glücklichen Zufall hoffend, lateinische Substantive. Bis **DIES IRAE** – der Tag des Zornes – kam, sprich: der Tag der schriftlichen Prüfung.

Man muss allerdings dazusagen: Obwohl wir uns gegen Latein mit Händen und Füßen wehrten, war diese Abwehr nicht sehr erfolgreich. Zum Glück.

Das Latein, um das es in diesem Buch geht, war zuerst die Amtssprache der Römischen Republik und dann des Römischen Reichs. Nach dem Untergang des Imperiums blieb es die Sprache der Wissenschaft und Literatur. Thomas von Aquin, Dante, Erasmus von Rotterdam, Nikolaus Kopernikus, Isaac Newton – viele herausragende Autoren und Wissenschaftler schrieben auf Latein. Aus unserer heutigen Perspektive sieht man also deutlich, dass der Einfluss dieser Sprache von sehr großer Reichweite war.

In romanischen Sprachen wie Spanisch, Französisch oder Italienisch kommen sogar acht von zehn Wörtern aus dem Lateinischen! Und auch im Deutschen hat es sich an vielen Stellen versteckt: Das Wort »Matura« zum Beispiel kommt von **MATURARE** (erwachsen werden), »Artikel« von **ARTICULUS** (Teil, Abschnitt) und »defekt« von **DEFECTUS**, also Fehler.

Die lateinische Sprache taucht in den Namen internationaler Institutionen auf; der Rat der Europäischen Union etwa wird auch als **CONSILIUM** bezeichnet. Sie ist in der Welt des Sports präsent, zum Beispiel im Namen des Fußballvereins **BORUSSIA** (lateinisch: Preußen) Dortmund. Und sie steckt in jeder digitalen Uhr – die im angel-

O TEMPORA, O MORES

UM DIE LATEINISCHEN SENTENZEN RICHTIG AUSZUSPRECHEN, MUSS MAN DIE UNTERSTRICHENEN VOKALE IN DIE LÄNGE ZIEHEN: O TEEEMPORA, O MOOORES.

sächsischen Raum verwendeten Akronyme **A. M.** und **P. M.**, mit denen die Stunden vor und nach Mittag bezeichnet werden, stammen von den lateinischen Ausdrücken **ANTE** und **POST MERIDIEM**.

Obwohl es heute als eine tote Sprache gilt, ist Latein in Wirklichkeit gar nicht tot. Zugegeben, auf der Straße und in Alltagsgesprächen ist es nicht mehr zu hören (es sei denn, man meint damit das »Küchenlatein«), doch bestimmte lateinische Redewendungen, die sogenannten Parömien, bilden nach wie vor eine universelle Sprache der Juristen auf der ganzen Welt. Mehr noch: Dank vieler verschiedener Kenner und Enthusiasten werden weiterhin lateinische Zeitungen, Zeitschriften, Websites und Diskussionsforen ins Leben gerufen. Es werden auch regelmäßig neue lateinische Namen für neu entdeckte Pflanzen- und Tierarten geschaffen. Latein lebt also **HIC ET NUNC** – hier und jetzt.

Latein lernen ist ferner ein ausgezeichnetes Training für unser Gehirn. Das ist **NUDA VERITAS**, also die nackte Wahrheit. Für mich als Autorin dieses Buches ist jedoch etwas anderes am wichtigsten: Ich hoffe, dass die Reise durch diverse historische Ereignisse und die Denkweisen griechischer und römischer Philosophen, die ich auf den folgenden Seiten gesammelt habe, zeigt, dass Latein uns nicht nur von der Antike erzählt, sondern auch davon, wer wir heute sind. Lateinische Sentenzen überschreiten auf magische Weise die Grenzen von Zeit und Raum, und wahrscheinlich deshalb wurden sie von allen aus meiner Klasse – trotz unseres kollektiven Widerstands gegen das Erlernen der lateinischen Grammatik – einfach geliebt. Die prägnanten, wenn auch manchmal etwas längeren Sätze, hinter denen interessante Gedanken und Geschichten steckten, regten unsere Fantasie an. Wir zitierten sie bei jeder möglichen Gelegenheit, in den Pausen jonglierten

wir mit Aphorismen um die Wette und lieferten uns mit ihrer Hilfe erbitterte Wortduelle. Wir polemisierten gegen sie, dann wieder hielten wir sie für eine unumstößliche Tatsache, denn jeder braucht manchmal etwas Dauerhaftes und Unanfechtbares, auch wenn es nur Worte sind.

Ich möchte alle dazu ermutigen, die in diesem Band gesammelten Sentenzen laut und mit den markierten Betonungen zu lesen. So erkennt man, dass sie wie Zaubersprüche klingen, die – wenn sie **AD HOC**, also ganz spontan, ausgesprochen werden – den Augenblick auf ihre Weise verzaubern.

SUMMA SUMMARUM, das heißt, zusammenfassend: Unsere Anti-Latein-Klassenfront wurde von unserer Lehrerin weitgehend erobert. **NOLENS VOLENS**, sprich: ob ich wollte oder nicht, dank ihr habe ich erfahren,

dass nicht nur das Hier und Jetzt zählt und nicht alles einen praktischen oder materiellen Nutzen haben muss.

Es war Frau Professorin Krasicka, die mir bewusst machte, dass man alles, was man lernt, für sich selbst lernt (**QUIDQUID DISCIS, TIBI DISCIS**) und durch Anstrengung zu den Sternen gelangen kann (**PER ASPERA AD ASTRA**). Ihr ist es zu verdanken, dass dieses Buch entstanden ist.

Danke, Frau Professorin!

CETERUM CENSEO CARTHAGINEM DELENDAM ESSE

Über das »Syndrom der kaputten Schallplatte«, Hartnäckigkeit und Entschlossenheit

Der Autor dieser Worte, Cato der Ältere, war ein römischer Redner, Schriftsteller und Politiker. In die Geschichte ging er allerdings vor allem als ein großer Sturkopf ein.

Doch von Anfang an. Die Stadt Karthago wurde im 9. Jahrhundert v. Chr. von den Phöniziern auf dem Gebiet des heutigen Tunesiens gegründet. Nach den darauffolgenden Eroberungen durch die Karthager wurde sie zur Hauptstadt des Karthagischen Reichs, das über hundert Jahre lang erbitterte Kriege gegen das Römische Reich führte. Ungefähr im Jahr 217 v. Chr. schloss sich dem Kampf gegen Hannibal, der an der Spitze der karthagischen Armee stand, ein einfacher Legionär an: Marcus Porcius Cato Censorius, später Cato der Ältere genannt. Nach einigen Jahren erlangte er den Rang eines Militärtribuns, um danach die Laufbahn eines römischen Beamten einzuschlagen.

Cato, der vor über zweitausend Jahren lebte, verfügte über ein umfassendes Wissen, doch man erinnert sich bis heute an ihn hauptsächlich wegen eines kurzen Satzes. Und was noch wichtiger ist: Die Kraft dieses Satzes liegt nicht darin, was Cato mit ihm sagen wollte, sondern darin, wie oft er ihn sagte. Das weiß aber niemand so genau. Um es nämlich herauszufinden, müsste man ausrechnen, wie oft er im Senat sprach, denn er beendete jede Rede (egal, welches Thema sie betraf) mit denselben Worten: **Im Übrigen bin ich der Meinung, dass Karthago zerstört werden sollte.**

MEINE LIEBE, ICH BIN DER MEINUNG, DASS MAN KARTHAGO ZERSTÖREN SOLLTE.

?

NOTABENE, das heißt »übrigens« oder »wohlgemerkt« (von NOTA BENE, was wörtlich »merke wohl« bedeutet)
Auch Hannibal, der gegen Cato kämpfte, war ein ziemliches Früchtchen. **AUT VIAM INVENIAM AUT FACIAM**, soll der für seine Grausamkeit und Kompromisslosigkeit berüchtigte phönizische Feldherr gesagt haben, was bedeutet: **Entweder werde ich einen Weg finden oder einen machen.**

ICH FINDE, DASS KARTHAGO ZERSTÖRT WERDEN SOLLTE!

ALSO, WAS IST MIT DIESEM KARTHAGO?

Das größte Drama von Cato dem Älteren war also höchstwahrscheinlich die Tatsache, dass er die Zerstörung der von ihm verhassten Stadt nicht mehr erlebte. Karthago fiel und wurde eine römische Kolonie erst 146 v. Chr., drei Jahre nach seinem Tod.

POSTSKRIPTUM (von POST SCRIPTUM, was »nach dem Geschriebenen« bedeutet) oder einfach PS:
Während einer seiner Reden versuchte Cato der Ältere die Mitglieder des Senats dazu zu überreden, Karthago den Krieg zu erklären, und zeigte ihnen eine frische Feige, die er von einem dortigen Feigenbaum gepflückt hatte. Er fuchtelte mit ihr vor den Augen der Senatoren herum und argumentierte: »Das bedeutet, dass der Feind zwei Schritte von hier entfernt ist!« Im Endeffekt ließen sich die Senatoren davon überzeugen, dass der Angriff auf Karthago gerechtfertigt sei, und diese berühmteste Feige der Antike wurde damit zum **CASUS BELLI**, das heißt: zum **Grund für eine Kriegserklärung**.

NOLI TURBARE CIRCULOS MEOS!

Darüber, wie viel eine Lebensleidenschaft bedeuten kann

Als die Römer versuchten, die auf Sizilien gelegene griechische Stadt Syrakus zu erobern, mussten sie ganz schön staunen: Sobald sie sich ihr näherten, senkten sich die über die Stadtmauern ragenden Kräne, fingen ihre Schiffe auf, hoben sie hoch und schüttelten sie so lange, bis alle an Bord befindlichen Soldaten ins Wasser fielen. Außerdem regnete auf sie aus Katapulten mit regulierbarer Wurfkraft ein dichter Raketenschauer nieder, und die Schiffe, denen es trotzdem gelang, voranzukommen, wurden mit Steinen bombardiert, die mithilfe hoher Stangen abgeworfen wurden. All diese schreckenerregenden Erfindungen gingen aufs Konto eines einzigen Mannes.

Über das Leben von Archimedes, einem der größten Mathematiker der Weltgeschichte, der auch Physiker, Ingenieur, Erfinder und Astronom war, ist wenig bekannt. Zum Glück weiß man aber recht viel über seine wissenschaftlichen Leistungen: Er formulierte ein Gesetz, das die Auftriebskraft von Flüssigkeiten bestimmte, entdeckte das Funktionsprinzip des Hebels und der schiefen Ebene, nannte den ungefähren Wert der Zahl Pi, berechnete das Volumen von räumlichen Figuren, konstruierte mehrere Verteidigungsmaschinen und eine spezielle Schraube, die zum Wasserschöpfen diente. Bei all diesen Erfindungen stützte er sich auf akribische Berechnungen. Er machte sie unentwegt, selbst kurz vor seinem Tod, so die Legende. Für sein Rechnen soll er sogar – im wahrsten Sinne des Wortes – sein Leben gelassen haben.

Auf seine tödlichen Erfindungen stießen die Römer während des Zweiten Punischen Kriegs, den sie gegen Karthago führten. Nach zweijähriger Belagerung gelang es der Armee

$$\pi = \frac{L}{2R}$$

von Marcus Claudius Marcellus, die Heimatstadt des großen Gelehrten einzunehmen. Marcellus, der Archimedes für besonders wertvoll hielt, befahl, ihn nicht zu töten. Leider kam es anders.

Laut Plutarch, einem Historiker und Schriftsteller, tauchte eines Tages bei Archimedes ein römischer Soldat auf. Er wollte ihn zu General Marcellus bringen, doch Archimedes, der gerade über ein mathematisches Diagramm nachdachte, weigerte sich mitzukommen. Er war nahe dran, eine seiner geometrischen Theorien zu beweisen, also musste alles andere warten. Eine solche Haltung machte den Soldaten so wütend, dass er den Gelehrten mit seinem Schwert durchbohrte.

Obwohl es dafür keine Beweise gibt, wird angenommen, dass Archimedes den Soldaten um jeden Preis daran hindern wollte, die Zeichnungen zu verwischen, die er (nach einer Version der Ereignisse) in den Sand gemalt hatte. Er soll in dem Moment ausgerufen haben: **Zerstöre meine Kreise nicht!**

Wir wissen wenig über ihn, aber einer Sache können wir sicher sein: Archimedes war der Wissenschaft ergeben. Und zwar auf Leben und Tod.

NOTABENE

Es gibt eine alternative Version der Geschichte **über** Archimedes' Tod. Angeblich wollte er zum Treffen mit General Marcellus seine geometrischen und astronomischen Instrumente mitnehmen. Doch der römische Soldat hatte keine Ahnung, wozu sie dienten. Er hielt sie für wertvoll, vielleicht auch für gefährlich, deshalb versuchte er, sie dem Gelehrten wegzunehmen, wobei er ihn tötete.

IACTA ALEA EST

Über das Treffen von unumkehrbaren Entscheidungen

Man kann ohne Weiteres sagen, dass diese Worte der Anfang vom Ende einer besonderen Bekanntschaft waren. Die Verbindung zwischen Julius Cäsar und Gnaeus Pompeius begann nämlich mit einem Bündnis und endete mit einem Massaker.

Der eine, ein Politiker, Heerführer und Autor vieler wichtiger Schriften, war im Laufe seiner Karriere unter anderem Quästor, Prätor, Konsul und schließlich der berühmte Gouverneur von Gallien und Herrscher von Rom.

Der andere war nicht nur ein begabter Politiker, sondern auch einer der hervorragendsten römischen Feldherren. Der Grausamkeit, mit der er seine Gegner behandelte, verdankte er seinen Spitznamen **ADULESCENTULUS CARNIFEX**, also **Teenagerschlächter**.

Cäsar und Pompeius konkurrierten miteinander, doch als nach dem Tod des Diktators Sulla im Jahr 78 v. Chr. der Kampf um seine Nachfolge begann, beschlossen sie, sich zu einigen. Cäsar, Pompeius und der wohlhabende Politiker Crassus schlossen damals ein Geheimabkommen, das als erstes Triumvirat in die Geschichte einging. In dessen Folge teilten sie **DE FACTO** (von lat. **in Wirklichkeit, faktisch**) die Macht im Staat untereinander auf. Cäsar fiel unter anderem die Stellung des Konsuls von Gallia cisalpina (Gallien diesseits der Alpen), Illyricum (Illyrien) und Gallia Narbonensis zu (wer die Abenteuer von Asterix kennt, der weiß einiges über Cäsars schwierige Beziehungen zu den Galliern).

Nach Crassus' Tod geriet dieses Kräfteverhältnis ins Wanken. Cäsar, der mit Pompeius um die Macht konkurrierte,

DER RUBIKON

entschloss sich zu einem Staatsstreich und schickte eine seiner Legionen an die Grenze zwischen dem voralpinen Gallien und Italien. Er selbst kam dort in der Nacht vom 9. auf den 10. Januar 49 v. Chr. an und blieb am Ufer des Rubikons stehen – des Flusses, der die Grenze seiner Provinz bildete.

Er blieb stehen und begann nachzudenken. Er wog alle Vor- und Nachteile ab, diskutierte mit seinen Beratern, überlegte, ob der Bürgerkrieg, den er durch das Betreten des anderen Ufers hervorrufen würde, sich lohne. Bis er schließlich sein Pferd in Richtung Fluss steuerte und seinen Truppen ein Signal gab, indem er ausrief: **Die Würfel sind gefallen!** Das bedeutete, dass die Entscheidung getroffen worden war und es kein Zurück mehr gab.

NOTABENE

Diese Worte waren nicht **Cäsars eigene Idee** – wahrscheinlich zitierte er den griechischen Schriftsteller Menander. Bevor er den Rubikon überschritten hatte, soll er auch gesagt haben: »Ich kann immer noch zurück. Wenn ich aber diese Brücke **überquert habe**, wird über alles nur das Schwert entscheiden.« Er hatte recht, denn die Folgen seiner Entscheidung waren äußerst blutig.

Nach den Kämpfen in Italien machte sich Cäsar auf den Weg nach Spanien, um mit den Verbündeten von Pompeius kurzen Prozess zu machen. Dieser selbst ging erst nach Griechenland und floh dann nach Ägypten, was sich für ihn als verhängnisvoll entpuppte, denn der dortige Herrscher, Ptolemaios XIII., ließ ihn ermorden und seinen abgeschlagenen Kopf als Geschenk an Cäsar schicken …

PS:

Obwohl Sueton in seinem Buch *De vita Caesarum* (Kaiserbiografien) die Form **IACTA ALEA EST** verwendet, ist die Form **ALEA IACTA EST** korrekt. Meistens werden diese Worte mit »Die Würfel sind gefallen« übersetzt, wörtlich bedeuten sie aber: **Der Würfel ist gefallen**.

VENI, VIDI, VICI

oder: Im Laufschritt, blitzschnell und fertig

Wie wir bereits aus der Geschichte von der Überschreitung des Rubikons wissen, machte Julius Cäsar keine Gefangenen. Er hatte große Ambitionen, also beschloss er, Afrika zu erobern. Etwa zur gleichen Zeit, im Jahr 48 v.Chr., griff aber ein gewisser Pharnakes, Sohn des Königs von Pontos, Kappadokien und Kleinarmenien an. Als der Herrscher des letztgenannten Landes sich hilfesuchend an Rom wandte, gab Cäsar sofort seine Afrika-Pläne auf und führte seine Truppen nach Asien.

Sie trafen auf die Soldaten von Pharnakes in der Nähe der Stadt Zela, die in der heutigen Türkei liegt. Die vom Sohn des Königs von Pontos angeführten Truppen bezogen nördlich der Stadt Stellung, und die Römer postierten sich im Süden. Cäsar sicherte sich den Sieg, indem er nachts einen Hügel einnahm, der zwischen der Stadt und dem römischen Lager lag. Die Operation dauerte nur fünf Tage. Um seinen Triumph bekannt zu geben, schrieb Cäsar einen Brief an den Senat, in dem er die Schlacht von Zela mit den drei berühmten Worten zusammenfasste: **Ich kam, ich sah, ich siegte.** Ruckzuck, und der Krieg war vorbei. Kurz, knapp und auf den Punkt gebracht.

NOTABENE

Diese Worte hatte Cäsar sich schon selbst ausgedacht. Und obwohl er sie vor über zweitausend Jahren schrieb, werden sie noch heute zitiert oder paraphrasiert. Es ist ein echter *Evergreen*, der sich in jeder Situation bewährt. König Jan (Johann) III. Sobieski etwa verkündete nach der siegreichen Schlacht am Kahlenberg bei Wien: VENIMUS, VIDIMUS, DEUS VICIT (**Wir kamen, wir sahen, Gott siegte**). Und fast vierhundert Jahre später, nach dem Tod des libyschen Diktators Muammar Gaddafi, sagte die amerikanische Außenministerin Hillary Clinton: »Wir kamen, wir sahen, er starb« (*We came, we saw, he died*). Cäsars Worte fanden nicht nur bei Politikern Anklang. Der Rapper Jay-Z verwendete sie in englischer Übersetzung in seinem Lied *Encore*, und die schwedische Rockband The Hives spielte auf sie mit dem raffinierten Titel ihres Albums *Veni Vidi Vicious* an.

ACTA EST FABULA

oder: Ich sterbe, also klatscht Beifall

In den vier Jahrzehnten seiner Herrschaft führte Octavian Augustus, bekannt als Kaiser Augustus, viele Reformen im Römischen Reich durch. Er modernisierte die Armee, brachte die Finanzen in Ordnung, sorgte für relative Ruhe im Staat und schuf Bedingungen für die Entwicklung der Kunst. Seine Regierungszeit wird als ein goldenes Zeitalter der römischen Literatur bezeichnet – in ebendieser Zeit verfasste Horaz seine Epoden, Satiren und Lieder, während Vergil die *Aeneis* schrieb.

Octavian Augustus war wiederholt Ziel von Verschwörungen, und die Umstände seines Todes in Nola im August des 14. Jahrs n. Chr. sind bis heute unbekannt. Eine Theorie besagt, dass er Opfer seiner Frau Livia Drusilla wurde, die ihm vergiftete Feigen vorsetzte. Einige Historiker behaupten jedoch, dass Livia ihrem schwerkranken Ehemann helfen wollte, einen seit Langem geplanten Selbstmord zu begehen.

Sein Leben, das als Vorlage für einen spannenden Film dienen könnte, beendete er mit dem Satz: **Das Spiel ist aus.** Traditionell von römischen Schauspielern am Ende einer Aufführung ausgesprochen, wurde er im Mund des sterbenden Kaisers zu einer Metapher des Lebens. Schließlich kann man das Leben als eine Art Theater betrachten, in dem wir Sterbliche nur unsere Rollen spielen, um dann die Bühne zu verlassen …

NOTABENE
Einigen Quellen zufolge lauteten Octavians letzte Worte: **PLAUDITE CIVES, COMOEDIA FINITA EST,** das heißt: **Applaudiert, Bürger, die Komödie ist zu Ende.** So oder so – ihr metaphorischer Sinn bleibt derselbe.

DIVIDE ET IMPERA

oder: Überspann den Bogen, und die Macht gehört dir

Diese Worte, die Philipp von Makedonien zugeschrieben und mit **Teile und herrsche** übersetzt werden, sind die goldene Maxime aller Machtbesessenen. Sie beziehen sich auf eine bestimmte – berechnende, doch effektive – Strategie, an die Macht zu gelangen. Diese besteht darin, in eroberten Gebieten Konflikte zu provozieren und zu schüren, um dann die Rolle eines Vermittlers zu spielen, der für die Versöhnung der Konfliktparteien sorgt. Dank eines solchen Verhaltens können die starken Staaten ihre Macht behalten und den Einfluss der schwächeren mini-mieren.

Diese Taktik wurde zum Beispiel von den Römern geliebt, die darüber hinaus den eroberten Provinzen untersagten, Abkommen untereinander zu schließen. Das Prinzip **DIVIDE ET IMPERA** wurde aber auch gern im Rahmen innenpoliti-scher Intrigen angewandt. Ein wahrer Meister in dessen Anwendung war der französische König Ludwig XIV.; er verteidigte seine Position im Staat, indem er seine engsten Mitarbeiter gegeneinander ausspielte, damit keiner von ihnen zu viel Einfluss gewinnen konnte.

Kurz: Wo zwei sich streiten, freut sich der Dritte.

KURZ, ABER PRÄGNANT

Über gefährliche, einwirkende und übergeordnete Kräfte

HANNIBAL ANTE PORTAS

Wörtlich: **Hannibal vor den Toren**. Wir kennen Hannibal
bereits und wissen, dass er nicht gerade zu den Subtilsten
gehörte. Er war der, der entweder einen Weg fand oder
sich ihn bahnte. Über Leichen natürlich. Diese Redensart
beschreibt also eine auf uns lauernde Gefahr.

VIS MAIOR

Wörtlich: **H**öhere Gewalt. Also Umstände, denen man sich nicht entgegenstellen kann. Als höhere Gewalt kann man zum Beispiel einen Verkehrsstau bezeichnen, der bewirkt, dass man zu spät zur Schule kommt.

SPIRITUS MOVENS

Wörtlich: **Ein bewegender Geist**. Also eine treibende Kraft, jemand, der andere zum Handeln provoziert, der inspiriert.

II. Mottos und Devisen

IN VARIETATE CONCORDIA

Die Devise der Europäischen Union, deren Stärke in der Vielfalt liegt

Das Wort »Devise« kommt natürlich aus dem Lateinischen, genauer: von dem Begriff **SENTENTIA DIVISA**, das heißt: **Geteilte Meinung**. Kurz gesagt, Devisen sind Ausdrücke oder Phrasen, die das Verhaltensprinzip oder die Grundwerte einer Person, Familie, Institution oder Organisation umschreiben. Mit diesen kurzen Sätzen stellen sich gern Länder und Städte vor, die zu diesem Zweck das Latein – was sonst? – benutzen.

Zum Beispiel: Die Devise von Österreich-Ungarn, das bekanntlich eine multinationale konstitutionelle Monarchie war, lautete **INDIVISIBILITER AC INSEPARABILITER**, was **Unteilbar und untrennbar** bedeutet.

Kanada, das sich zwischen dem Atlantik im Osten und dem Pazifischen Ozean im Westen erstreckt, prahlt mit der Devise **A MARI USQUE AD MARE**, also **Von Meer zu Meer**, und die Devise der hochmütigen Schotten lautet **NEMO ME IMPUNE LACESSIT**, das heißt: **Niemand legt sich ungestraft mit mir an**.

Städte prahlen gern. Einige mit ihrer Herrlichkeit, wie Krakau, das sich selbst mit **CRACOVIA URBS CELEBERRIMA** (**Krakau – die herrlichste Stadt**) umschreibt. Andere mit ihrer heldenhaften Geschichte, wie Warschau: **SEMPER INVICTA**, also **Immer unbesiegbar**. Wieder andere betonen die Höhe ihrer Bauwerke und die eigene Gewaltigkeit, wie New York, dessen Beiname **EXCELSIOR** (wörtlich: »höher«) lautet und mit **Immer höher** zu übersetzen ist.

Die Devise der Europäischen Union, **IN VARIETATE CONCORDIA**, die von ihr im Jahr 2000 angenommen wurde, gehört zu denen, die den Geist, Zweck und Grundsatz der Organisation, die sie vertreten, am besten widerspiegeln. Die Union umfasst Länder des alten Kontinents, deren Bewohner von unterschiedlicher Herkunft sind, sich unterschiedlicher Sprachen bedienen und unterschiedliche kulturelle und ethnische Hintergründe haben. Nach der Devise, die diese Tatsache illustriert – **In Vielfalt geeint** –, soll die Europäische Union einem aus verschiedenartigen Teilen bestehenden, perfekt komponierten Mosaik gleichen. Innerhalb ihrer Grenzen soll sich für all diejenigen Platz finden, die den in der Union geltenden Regeln zustimmen und sie selbst mitgestalten wollen.

FIAT PANIS

**Das Motto der Ernährungs- und Landwirtschaftsorganisation der Vereinten Nationen
oder: Brot ist die Grundlage**

Erinnern wir uns an den Brauch, Gäste mit Brot und Salz zu begrüßen, an den Ausruf der Menschen im alten Rom **Brot und Spiele** (**PANEM ET CIRCENSES**), mit dem sie nach Essen und Unterhaltung verlangten, oder an Wladimir Lenins Losung »Brot, Land, Frieden«, mit der er den Russen versprach, alle ihre Bedürfnisse zu befriedigen.

Ihr gemeinsamer Nenner ist das Symbol aller Symbole, das seit Jahrhunderten, unabhängig von Ort und Kultur, als Synonym unserer Grundbedürfnisse gilt.

Brot, denn von ihm ist natürlich die Rede, durfte also nicht im Motto einer Organisation fehlen, die sich dem Kampf gegen Armut und Hunger in der Welt verschrieben hat.

Die FAO, wie die Abkürzung der *Food and Agriculture Organization* lautet, kümmert sich um die Modernisierung der Landwirtschaft, die Steigerung ihrer Produktivität in den unterentwickelten Ländern sowie um die Entwicklung von Fischerei und Forstwirtschaft und eine gleichmäßige Verteilung der Erträge in der Welt. Für eine Organisation, deren Priorität in der effizienten Lebensmittelproduktion liegt, kann man sich kaum einen besseren Slogan vorstellen als **Es werde Brot**.

EUREKA!

Das Motto des US-Bundesstaates Kalifornien oder: Suche, und du wirst finden (an einem Ort, an dem man es am wenigsten erwarten würde)

Das Wichtigste zuerst: Achtung, Achtung! Das Wort **EUREKA** (im Deutschen besser bekannt unter der Aussprache **HEUREKA**) kommt aus dem Griechischen! In diesem Buch darf es aber aus vielen wichtigen Gründen nicht fehlen.

Griechisch ist – neben Latein und Altkirchenslawisch – eine der drei sprachlichen Säulen der europäischen Zivilisation. Griechisch und Latein existierten in der Antike nebeneinander und rivalisierten dabei auf besondere Weise (die erste Geschichte Roms, deren Autor Quintus Fabius Pictor war, wurde nicht auf Latein, sondern auf Griechisch geschrieben!). Mehr noch: Das Erbe des antiken Griechenlands – einschließlich seiner Sprache, Kunst und Philosophie – kennen wir hauptsächlich dank der Römer, die sich der lateinischen Sprache bedienten. Beide Zivilisationen sind demnach durch eine besondere Abhängigkeit miteinander verbunden.

Aber **AD REM**, also **zur Sache**.

Ich habe es gefunden! Dieser Ausruf soll Archimedes in dem Moment herausgerutscht sein, als er aus der Badewanne stieg. Der Legende nach saß er in ihr und grübelte darüber nach, wie er die vom König von Syrakus erhaltene Aufgabe lösen könnte. Hieron II. hatte nämlich den Verdacht, dass die Krone, die er bei einem Handwerker bestellt hatte, aus einer Mischung aus Gold und Silber angefertigt war, während er sich eine aus purem Gold gewünscht hatte. Also bat er den berühmten Gelehrten, die Zusammensetzung des königlichen Attributs zu überprüfen, ohne es kaputt zu machen. Und Archimedes kam auf die Idee, wie er es bewerkstelligen sollte, während er das Wasser beobachtete, das von seinem eigenen Körper beim Baden aus der Wanne verdrängt wurde.

Zuerst tauchte er die Krone in ein bis zum Rand mit Wasser gefülltes Gefäß. Er berechnete das Volumen der so verdrängten Flüssigkeit, danach füllte er das Gefäß wieder auf und tauchte in das Wasser ein Stück reines Gold, dessen Gewicht dem des Metalls entsprach, aus dem die Krone gemacht war. Als er das Volumen des verdrängten Wassers erneut berechnete, wusste er die Antwort auf die Frage des Königs.

Wenn die beiden Volumen identisch gewesen wären, hätte das bedeutet, dass die Krone nur aus Gold hergestellt worden war. Die Krone verdrängte jedoch mehr Wasser als das Gold allein, was bedeutete, dass sie die Beimischung eines anderen Metalls enthielt.

So entstand das erste, nach Archimedes benannte Gesetz der Hydrostatik, und Hieron II. hatte seinen Beweis für die Unehrlichkeit des Goldschmieds.

Dank dieser Geschichte wird der Ausruf **EUREKA!** heute mit unerwarteten Entdeckungen assoziiert. Und als das Motto Kaliforniens soll er an die großen Goldvorkommen erinnern, die auf seinem Gebiet im Jahr 1848 gefunden wurden.

ORA ET LABORA

Das Motto des Benediktinerordens, deren Mitglieder Meister der Balance im Leben sind

Der Autor dieses Mottos, Benedikt von Nursia, schuf zu seiner Zeit (6. Jahrhundert n. Chr.) eine ganze Reihe von Regeln, die das Leben der Mönche bestimmen sollten. Diese aber war jahrhundertelang die am häufigsten verwendete Ordensregel.

NOTABENE
Die Benediktsregel legte nicht nur die Zeit für Arbeiten und Beten genau fest, sondern auch die für Schlafen und Lesen der Heiligen Schriften. Die vollständige Version des Mottos lautet: **ORA ET LABORA ET LEGE, DEUS ADEST SINE MORA**, was ins Deutsche mit **Bete und arbeite und lies, so ist Gott da ohne Verzug** übersetzt wird.

Der heilige Benedikt glaubte, Gebet und Arbeit würden ein vollkommenes Duo bilden und ihre Verbindung sei der Schlüssel zu einem wertvollen und frommen Leben. Deshalb widmeten sich die Zisterzienser mit solcher Hingabe der Bestellung der Erde, deshalb waren die Humiliaten an der Produktion von Wolle beteiligt, und deshalb sind einige Trappistenorden bis heute dafür berühmt, ein hervorragendes Bier zu brauen (und einen Teil der Einnahmen aus dessen Verkauf an die Armen zu verschenken). Im Laufe der Zeit begann in den Klöstern die manuelle oder körperliche Arbeit der intellektuellen Arbeit (einschließlich der Lehre) zu weichen, was jedoch keineswegs im Widerspruch zur Vision des heiligen Benedikt stand.

Obwohl das Motto **Bete und arbeite** im Hinblick auf die Mönche entstanden ist, bestätigt es sich auch im Falle von Laien. Schließlich brauchen nicht nur Mönche eine Harmonie in ihrem Leben, und die Balance zwischen Arbeit und Gebet kann auch als Balance zwischen Aktivität und Kontemplation, zwischen Handeln und Ruhe, zwischen dem Streben nach Karriere und Geld und der sich selbst und seinen Nächsten gewidmeten Zeit verstanden werden.

SEMPER FIDELIS

Das Motto der amerikanischen *Marines*, auf die immer Verlass ist

Die Formulierung **SEMPER FIDELIS** ist aufgrund ihrer häufigen Verwendung ein echter Star unter den Devisen. Mehrere Städte haben sie zu ihrem Motto gemacht, unter anderem das französische Abbeville, das britische Exeter und das ukrainische Lemberg, sowie etliche britische Adelsfamilien.

Immer treu ist auch das Motto des United States Marine Corps (Marinekorps der Vereinigten Staaten), also der berühmten *Marines*. Früher galt die Seelandung als Spezialität des Korps, heute gehören seine Soldaten auch der mechanisierten Infanterie an. Trotz ihrer neuen Aufgaben bleiben die Rituale der *Marines* gleich. Sowohl aktive Soldaten dieser Einheit als auch ihre Veteranen begrüßen einander mit dem charakteristischen Spruch **SEMPER FI**, also der verkürzten Version ihrer Devise.

KURZ, ABER PRÄGNANT

Darüber, was hinter unserem Handeln steckt

PRO PUBLICO BONO

Wörtlich: **Für das öffentliche Wohl**. Dieser Ausdruck bezeichnet jede Handlung, die freiwillig und unentgeltlich zugunsten anderer unternommen wird. Das kann zum Beispiel eine kostenlose Rechtsberatung oder ärztliche Untersuchung sein.

MALA FIDE

Das heißt: **In böser Absicht**. Es ist eine Handlung, die aus perfiden Motiven erfolgt oder hinter der irgendeine List steckt. Das Gegenteil davon ist es, **BONA FIDE**, also **in gutem Glauben** zu handeln.

HOMO FABER

HOMO bedeutet »Mensch«, **FABER** steht für »Arbeiter« oder »Handwerker«. Zusammen bezeichnen diese zwei Wörter einen **schaffenden Menschen**, dessen Handeln durch den Wunsch motiviert ist, etwas herzustellen oder zu erzeugen.

HOMO LUDENS

Im Gegensatz zu einem »Erzeuger« ist dies ein **spielender Mensch**. Seinem Handeln liegt das Verlangen zugrunde, einfach Spaß zu haben.

DAS OBERSTE GERICHT IN WARSCHAU

oder: Eine Parömie jagt die andere

IS DAMNUM DAT, QUI IUBET DARE
Schaden fügt der zu, der ihn anordnet

LIBERTAS INAESTIMABILIS RES EST
Freiheit ist ein unschätzbares Gut

Früher erfüllten manche Bauten nicht nur einen Nutz- oder Wohnzweck, sondern hatten auch einen Bildungsauftrag. Fassaden, Denkmäler, Tore oder Mauern wurden nämlich oft mit Inschriften geschmückt. Am häufigsten tauchten dabei die Weisheiten der alten Griechen und Römer, Zitate von Vergil und Horaz sowie Verse aus der Bibel auf.

An diese nützliche Tradition knüpften die Schöpfer des 1999 erbauten Gebäudes des Obersten Gerichts in Warschau an. An seinen Stützpfeilern befinden sich nicht weniger als 86 Parömien, sprich: kurze, prägnante Rechtssätze, in denen die Grundprinzipien der Rechtsprechung oder Rechtslösungen enthalten sind.

Einige Parömien stammen aus religiösen Texten oder literarischen Werken, die meisten jedoch wurden von den Juristen

PACTA SUNT SERVANDA
Verträge sind einzuhalten

ETRO NON AGIT

LEX RETRO NON AGIT
Das Gesetz gilt nicht rückwirkend

NULLA POENA SINE LEGE

NULLA POENA SINE LEGE
Keine Strafe ohne Gesetz

NOTABENE

Ein weiteres interessantes Beispiel eines mit Inschriften geschmückten modernen Baus ist das Gebäude der Universitätsbibliothek in Warschau. An seiner Frontfassade wurden acht Tafeln angebracht, auf denen Texte in verschiedenen Sprachen, unter anderem in Griechisch (Fragment von Platons Dialogwerk *Phaidros*), Hebräisch (Zitat aus dem *Buch Hesekiel*) und Arabisch (Auszug aus dem *Buch der Tiere* von Al-Jahiz), stehen. Sie zeigen auch mathematische und chemische Formeln sowie die Notenniederschrift eines Fragments von Karol Szymanowskis *Etüde b-Moll*.

des alten Roms formuliert. Diese kurzen Sentenzen werden bis heute von Gerichten oder Tribunalen bei der Rechtsprechung verwendet; sie dienen auch als Argumente bei der Begründung von Anträgen. Sowohl Verteidiger als auch Staatsanwälte lassen sie gern in die Reden einfließen, die sie in Gerichtssälen halten.

Man kann die Parömien als »leicht verdauliche Weisheiten« bezeichnen, die unbestreitbare Wahrheiten und Thesen zum Ausdruck bringen. Ihre Stellung in der europäischen Zivilisationsgeschichte hat treffend der um die Wende vom 18. zum 19. Jahrhundert lebende französische Jurist und Politiker Jean-Étienne-Marie Portalis umschrieben: »Neue Theorien, das sind nur Systeme, die von Individuen geschaffen wurden; alte Maximen drücken den Geist der Jahrhunderte aus.«

DER EINGANG ZUM MAX-EUWE-PLATZ IN AMSTERDAM

Wo man die Kunst des Pinkelns erlernen kann

Max Euwe war von 1935 bis 1937 Schachweltmeister und danach Präsident des Internationalen Schachverbands. Als hochverdienter Bürger der Niederlande hat er in Amsterdam einen nach ihm benannten Platz bekommen. Dieser wurde auf dem Gelände eines ehemaligen Gefängnisses errichtet, in dem die Nazis ihre politischen Feinde gefangen gehalten hatten.

Heute ist es ein belebter Ort voller Cafés und Geschäfte, mit einer Fläche zum Entspannen, einem Max-Euwe-Museum und einem riesigen Schachbrett, auf dem Turniere gespielt werden können. Den Eingang zum Platz schmücken Arkaden, deren Stil an die Zeit des Klassizismus anknüpft und die mit der scheinbar witzigen Inschrift versehen sind: **HOMO SAPIENS NON URINAT IN VENTUM**, das heißt: **Ein weiser Mensch pinkelt nicht gegen den Wind.**

Was könnten diese Worte bedeuten? Es ist allgemein bekannt, wie das Gegen-den-Wind-Pinkeln enden kann … Ein kluger Mensch weiß also, dass er sich davor hüten muss. Denn ein kluger Mensch fügt sich selbst keinen Schaden zu, hat seinen eigenen Verstand und ist in der Lage, die Folgen seines Handelns vorherzusehen.

Die auf dem Amsterdamer Platz angebrachte Sentenz ist absolut richtig – und gibt perfekt den Charakter der Niederländer wieder, die in der Welt für ihre Vernunft und ihre pragmatische Lebenseinstellung bekannt sind.

LABOREMUS

P[...]

DAS ELEFANTEN-TOR DER CARLS-BERG-BRAUEREI

oder: Bier ist ein nationales Gut, basta!

Bier ist in Dänemark eine ernste Sache. Und Carlsberg – eine noch ernstere. Diese Brauerei wurde 1847 von Jacob Christian Jacobsen am Stadtrand von Kopenhagen gegründet und bekam einen Namen, der sich von zwei Wörtern ableitet: dem Vornamen von Jacobsens Sohn Carl und dem dänischen Wort *bjerg*, das Berg bedeutet. Etwas mehr als ein halbes Jahrhundert später eröffnete der inzwischen

PATRIA

erwachsene Carl eine eigene Brauerei, die er mit der Firma seines Vaters verband. Um dem Familienunternehmen Glanz zu verleihen, kam er 1901 auf die Idee, ein besonderes Gebäude zu errichten.

Der Turm, der auf vier Elefanten steht, die in aus Bornholm importierten Granit gemeißelt sind, ist heute das Wahr-

zeichen Kopenhagens und Teil des Eingangstors zur berühmtesten dänischen Brauerei. Carl Jacobsen äußerte den Wunsch, dass auf der Spitze des Tors das Motto eingraviert wird: LABOREMUS PRO PATRIA, das heißt: **Lasst uns fürs Vaterland arbeiten**. Es war keineswegs übertrieben – schließlich ist das Brauen eines weltberühmten Biers eine hervorragende Werbung für das eigene Land!

DER »WASSERPALAST« IM WARSCHAUER ŁAZIENKI-PARK

oder: Gastfreundschaft über alles!

Der Łazienki-Park in Warschau war ursprünglich ein Garten von König Stanisław II. August. Er wurde im 18. Jahrhundert um seine Sommerresidenz angelegt, die ihrerseits aus einem umgebauten barocken Badepavillon entstanden war. Das heute als »Palast auf dem Wasser« (oder »Wasserpalast«) bekannte Bauwerk wurde vor allem als Schauplatz der legendären Donnerstags-Dinner berühmt, die vom König regelmäßig organisiert wurden. Seine Gäste waren angesehene Künstler, Maler und Schriftsteller. Donnerstags wurde im Palast über Literatur und aktuelle Ereignisse diskutiert und an anderen Tagen fanden dort Tanzabende und Bälle statt.

Den Geist dieses einst sehr lebendigen Ortes gibt die
Inschrift über dem Eingang wieder:
HAEC DOMUS
ODIT AMAT FUNDIT COMMENDAT ET OPTAT
TRISTITIAS PACEM BALNEA RURA PROBOS

Interessanterweise ist dieser Satz ein Rebus: Die Wörter
aus der zweiten Zeile soll man abwechselnd mit denen aus
der dritten lesen. Erst nach dem Entziffern der Inschrift –
HAEC DOMUS, ODIT TRISTITIAS, AMAT PACEM, FUNDIT
BALNEA, COMMENDAT RURA ET OPTAT PROBOS –
versteht man ihren Sinn: **Dieses Haus hasst alles Schlechte,**
liebt den Frieden, hat ein Bad zu bieten, empfiehlt das
Landleben und wünscht sich herzensgute Menschen
als Gäste. Nach dieser Begrüßung blieb den Besuchern
nichts anderes übrig, als sich königlich zu amüsieren!

DIE FRONTFASSADE EINES MIETSHAUSES IN DANZIG

oder:
Segeln ist der Sinn
des Lebens

In Danzig, direkt an der Kreuzung Langgasse / Große Woll-webergasse, steht ein Mietshaus, das mit Bildern von Schiffen und Seeleuten geschmückt ist.

Die zweiteilige lateinische Sentenz, die sich dort ebenfalls befindet, spiegelt nicht nur den Geist dieser Hafenstadt wider, sondern offenbart auch das Geheimnis eines erfüllten und wertvollen Lebens: **NAVIGARE NECESSE EST, VIVERE NON EST NECESSE**, das heißt: **Seefahrt ist notwendig, das Leben nicht**. Das wussten die Matrosen, die trotz der Gefahren, die auf See lauern, zu langen Reisen aufbrachen. Von ihren weiten Schifffahrten brachten sie nicht nur Geld und Wertsachen mit, sondern auch Erfahrungen und Wissen über die Welt. Also das, was im Leben wirklich zählt.

SO MANCHER BAU IN BAYERN

oder: Der einzige lebenswerte Fleck
auf Erden

Bayern umfasst eine riesige Fläche von siebzigtausend Quadratkilometern – ein Gebiet, das größer ist als Österreich, Holland oder die Slowakei. Gleichzeitig ist es eine der wirtschaftlich am stärksten entwickelten Regionen Deutschlands. Kein Wunder also, dass seine über dreizehn Millionen Einwohner sehr stolz auf ihre Heimat sind und sich nicht scheuen, diesen Stolz zu zeigen.

Die Bayern sind der Meinung, dass ihr Land der herrlichste Ort der Welt ist, und diese Überzeugung spiegelt sich im lokalen Motto wider: **EXTRA BAVARIAM NULLA VITA,**

ET SI VITA, NON EST ITA – Außerhalb von Bayern gibt es kein Leben, und wenn doch, dann nicht ein solches.

Auf diesen selbstbewussten Slogan kann man an bayerischen Gebäuden, Mauern, Toren und Fußböden stoßen. Man kann ihn auch auf einem der Becher oder T-Shirts finden, die dort als Souvenirs verkauft werden. Es scheint also, dass Bayern nicht nur das größte Bundesland Deutschlands ist, sondern auch das Land, dessen Bewohner das höchste kollektive Selbstwertgefühl an den Tag legen.

KURZ, ABER PRÄGNANT

Über ultimative und temporäre Lösungen sowie solche, die zu einem Kompromiss führen

DURA LEX SED LEX

Das heißt: **Hartes Gesetz, aber ein Gesetz**. Eine der am häufigsten verwendeten lateinischen Parömien. Ihr Autor, Ulpian, war der Meinung, dass Gesetze ohne Ausnahme befolgt werden sollten, egal, wie lästig und unbequem sie sind.

MODUS VIVENDI

Wörtlich: **Die Art zu leben**. Meistens umschreibt dieser Spruch die Art und Weise, wie die Beziehungen zwischen Parteien (bei denen es sich um Staaten, Mitarbeiter, Mitbewohner und dergleichen handeln kann) geregelt werden. Er weist auf den temporären Charakter der Lösung hin und sieht eine spätere Detailregelung vor.

AUREA MEDIOCRITAS

Das heißt: **Die goldene Mitte**. Damit ist eine Haltung gemeint, die sich zwischen zwei Extremen situiert und darauf basiert, sowohl Überfluss als auch Defizit zu vermeiden, Mäßigung und Ausgewogenheit anzustreben. Denn zu viel ist bekanntlich ungesund. Ungezügelter Mut zum Beispiel kann schnell zum Leichtsinn, mangelnder Mut zur Feigheit werden. Die goldene Mitte bedeutet einfach: nicht zu viel und nicht zu wenig.

ICH BIN, ALSO DENKE ICH

DESCARTES

IV. Lebenswahrheiten

COGITO ERGO SUM

Descartes zweifelt

René Descartes, ein französischer Philosoph, Mathematiker und Physiker, gilt als Begründer der neuzeitlichen Philosophie. Berühmt wurde er als derjenige, der an der Existenz von allem zweifelte, was ihn umgab. Er behauptete sogar, es sei nicht sicher, ob das, was wir sehen, hören oder fühlen, wirklich existiere. Selbst die Tatsache, dass wir Sinnesorgane besitzen, zog er in Zweifel!

Die Existenz eines zweifelnden »Ich« – das sei laut Descartes das Einzige, dessen wir uns in diesem Meer der Zweifel sicher sein könnten. Wir wüssten ja nicht einmal genau, wer wir seien und was das, was uns umgibt, sei.

Doch wenn ein Gedanke existiere, müsse es auch einen Denker geben: Infolge dieser Logik formulierte Descartes einen Grundsatz, der das Fundament dessen bildete, was in seinen Augen als sicher galt. **Ich denke, also bin ich** (manchmal auch als **Ich zweifle, also bin ich** übersetzt) – das war seiner Meinung nach eine unbestreitbare Tatsache. Schade nur, dass die umgekehrte Behauptung – »Ich bin, also denke ich« – weniger selbstverständlich ist …

NOTABENE
Descartes' Erkenntnistheorie wurde auf Französisch
formuliert. Der Philosoph hielt sie in seiner 1637
entstandenen *Abhandlung über die Methode* fest.

SCIO ME NIHIL SCIRE

Sokrates rühmt sich, nichts zu wissen

»Was?«, werdet ihr fragen. »Sokrates, einer der größten Philosophen der Antike, soll gesagt haben, dass er nichts weiß?« Doch! Ja, nicht nur das: Er hat damit seine große Weisheit bewiesen.

Mit langem Bart, hervorstehenden Augen, riesigem Bauch und einer wulstigen Lippe, immer barfuß und in einen alten Mantel gehüllt, zeichnete sich Sokrates nicht nur durch sein Aussehen aus. Er war einzigartig, weil er im Einklang mit seinen Überzeugungen lebte, ohne sich um die Meinung anderer zu scheren.

Mit seinem kompromisslosen Charakter setzte er manchem Wichtigtuer richtig zu, wodurch ihm ein tragisches Schicksal widerfuhr – er wurde der Gottlosigkeit beschuldigt und zum Tode verurteilt. Ihm wurde auch vorgeworfen, die Jugend zu demoralisieren, weil er es geschafft hatte, vor seinem Tod eine beachtliche Gruppe von Schülern um sich zu scharen. Dieser große Philosoph hielt sich aber nicht für kompetent genug, anderen fertige Wahrheiten zu vermitteln. Er behauptete, nur jemand zu sein, der nach Wissen suche. Im Endeffekt also bestand seine Lehrmethode darin, den Schülern verschiedene Fragen zu stellen und dann ihre Antworten zu analysieren und die darin steckenden Widersprüche aufzudecken.

Diese Methode wandte er auch bei sich selbst an, was ihm half, seine bekannteste These zu formulieren: **Ich weiß, dass ich nichts weiß.** Allem Anschein zum Trotz hat das Bewusstsein der eigenen Unwissenheit einen großen Wert – es öffnet die Tür zu deren Überwindung.

OMNIA MEA
MECUM PORTO

Bias ist blank und fröhlich

Bias von Priene, einer der Sieben Weisen des antiken Griechenlands, galt als genialer Redner. Seine Fähigkeiten setzte er bei Gerichten als Anwalt ein, wobei er, wie die Legende besagt, nur in gerechten Fällen sprach. Er starb in einem Gerichtssaal, kurz nachdem er eine Verteidigungsrede gehalten hatte.

Die Worte All meinen Besitz trage ich mit mir wurden ihm von dem berühmten römischen Schriftsteller, Politiker, Philosophen und Redner Cicero zugeschrieben. Bias soll sie gesagt haben, als er während eines persischen Angriffs auf seine Heimatstadt aus seinem Haus floh.

Das wäre wohl nicht verwunderlich, hätte er sein Haus nicht mit völlig leeren Händen verlassen. »All sein Besitz« war also nichts weiter als seine eigene, dank Erfahrung erworbene Weisheit.

Bias' Worte sind gerade heute, in Zeiten des exzessiven Konsums, von großer Bedeutung. Denn wir neigen dazu, schnell zu vergessen, dass nicht das etwas über uns aussagt und in unserem Leben zählt, was uns gehört, sondern wie wir uns verhalten und wie wir über die Welt und andere denken.

51

ANIMUM DEBES MUTARE NON CAELUM

Seneca rät, wo man nach Lösungen suchen soll

Jemanden wie den römischen Schriftsteller, Dichter und Stoiker Seneca den Jüngeren würden wir heute als Coach oder Therapeuten bezeichnen.

Sein besonderes Interesse galt der Philosophie, in der er drei Bereiche unterschied: Logik, Physik und Ethik, wobei Letztere sein unbestreitbares Steckenpferd war. Er interessierte sich sehr für die Fragen der Moral, also die Prinzipien, nach denen man handeln sollte, und die Kriterien dafür, was richtig und was falsch ist.

ETHIK

In seinen Werken schrieb er unter anderem über Zorn, Sanftmut und Untätigkeit. Er äußerte sich jedoch nie aus der Position eines unfehlbaren Weisen; vielmehr betrachtete er sich selbst als einen Seelenheiler. Einer seiner Briefe an Lucilius enthielt einen Rat, den sich jeder zu Herzen nehmen sollte.

Allem Anschein zum Trotz sind Erwachsene keineswegs unfehlbar. Es kommt vor, dass sie, wenn sie Sorgen haben, nach einer Lösung gar nicht dort suchen, wo sie es tun sollten. Sie richten ihre Wohnungen neu ein, tauschen sie gegen andere, entscheiden sich für einen Jobwechsel oder für den Umzug in ein anderes Land. Allerdings führt das nicht immer zur Lösung ihrer Probleme. Manchmal muss man nämlich die Dinge aus einer völlig anderen Perspektive betrachten und etwas ganz anderes verändern. **Du musst deine Einstellung ändern, nicht den Himmel**, rät Seneca.

Denn die Ursache des Problems steckt vielleicht nicht in den Umständen, sondern in unserer Denkweise.

HISTORIA EST MAGISTRA VITAE

Cicero empfiehlt die Geschichte

Ein erstklassiger Redner, ein Schriftsteller und Philosoph, ein richtiger Tausendsassa – der bereits erwähnte Cicero war zweifellos eine der bedeutendsten Persönlichkeiten der Antike. Seine Art, mit der lateinischen Sprache umzugehen, galt als vorbildlich. Er inspirierte übrigens etliche nach ihm lebende Meister des Wortes, darunter Petrarca, Erasmus von Rotterdam und Voltaire.

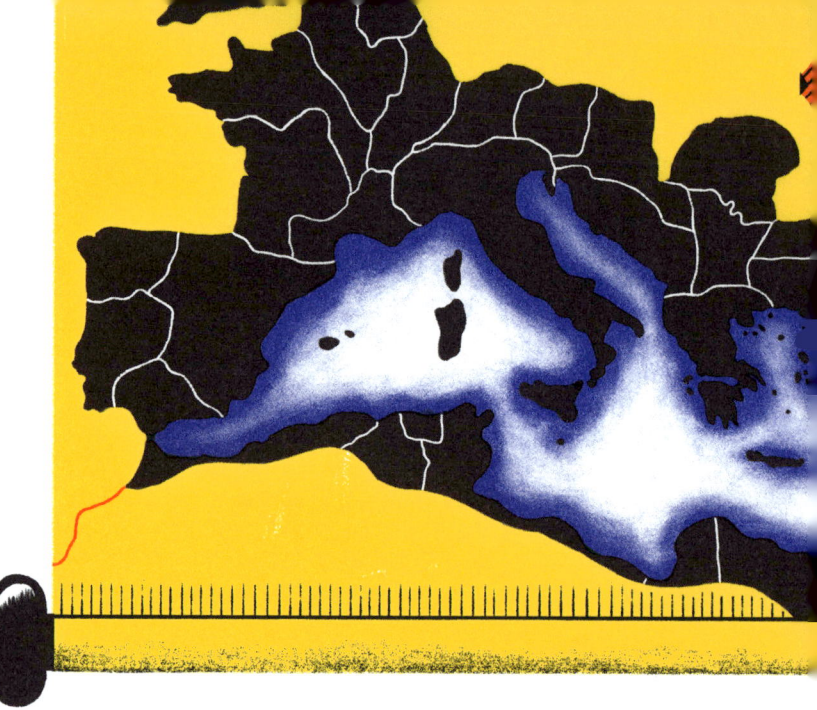

Cicero, diese unbestrittene Autorität, schätzte die Geschichte sehr und behauptete, sie sei eine Wissenschaft, aus der die Menschen so viel wie möglich schöpfen sollten. Seine These: Wenn wir uns mit der Vergangenheit auseinandersetzen, können wir erfahren, wer wir sind, woher wir kommen, warum wir so und nicht anders leben. Wenn wir aus einer weiteren Perspektive schauen und frühere gesellschaftliche Systeme, politische Strategien oder Modelle zwischenstaatlicher Beziehungen analysieren, können wir zu Schlussfolgerungen kommen, die uns helfen, die Fehler unserer Vorfahren zu vermeiden – Fehler, die nicht zuletzt zu Wirtschaftskrisen und Kriegen führten. Aus diesem Grund behauptete Cicero sogar: **Die Geschichte ist eine Lehrmeisterin des Lebens**.

Uns bleibt also nichts anderes übrig, als uns für ihren Unterricht anzumelden und ihre Musterschüler zu werden.

NOTABENE

Im Mittelalter wurden Ovids Worte um einiges erweitert. Damit lautete der Aphorismus: **GUTTA CAVAT LAPIDEM NON VI SED SAEPE CADENDO**, das heißt: **Der Tropfen höhlt den Stein nicht durch Kraft, sondern durch stetes Fallen.**

GUTTA CAVAT LAPIDEM

Ovid betrachtet die fallenden Tropfen

In der Nähe der Stadt Hebron im amerikanischen Bundesstaat New Hampshire gibt es einen ungewöhnlichen Ort. Auf den ersten Blick ist es nur eine schmale Schlucht, durch die ein Fluss fließt. Wenn man sie aber genauer betrachtet, entdeckt man Felsen, die so glatte Formen haben, als wären sie von Menschenhand gemacht. Sie sind jedoch nicht ein Werk des Menschen, sondern von Mutter Natur – sie wurden von diesem Fluss geschaffen, der dort seit Jahrhunderten fließt und die Steine, die das Ufer säumen, formt.

Orte, an denen das Wasser seine Spuren hinterlassen hat, waren schon immer eine Inspirationsquelle für Schriftsteller und Künstler. Zu ihnen gehört auch der römische Dichter Ovid, der zusammen mit Horaz und Vergil das große Trio der lateinischen Dichtung bildet. **Steter Tropfen höhlt den Stein** – dieses Sinnbild nutzt Ovid als Beweis dafür, dass alles seine Zeit braucht. Stein an Stein oder eben Tropfen an Tropfen, und langsam kommen wir ans Ziel.

Ein Tropfen kann ein Symbol für die tägliche Anstrengung sein, er kann aber auch das Handeln einer einzelnen Person symbolisieren. Denn je mehr Tropfen, also Menschen, die auf eine bestimmte Sache hinarbeiten, desto schneller und klarer das Endergebnis.

Wenn du etwa glaubst, dass du nichts veränderst, indem du Müll von der Straße aufsammelst, weil es ringsherum so viel davon gibt, dann denk an einen fallenden Tropfen – jeder Tropfen, jedes Handeln zählt! Schließlich wurde Rom nicht an einem Tag erbaut!

O TEMPORA, O MORES!

Cicero seufzt

Was für Zeiten, was für Sitten! Diese Worte werden gern von denen benutzt, die sich an »die guten alten Zeiten« erinnern, als das Leben angeblich besser und der Grad der moralischen Verdorbenheit unvergleichlich niedriger war. Also im Grunde alle, die schon fortgeschrittenen Alters sind und die Gewohnheiten der jüngeren Generation verurteilen.

Als Erster seufzte in diesem Stil Cicero, als er im Senat eine Rede gegen Catilina begann. Letzterer war nämlich für seine Neigung berüchtigt, Verschwörungen anzuzetteln und Streitereien zu provozieren. Um die Macht zu übernehmen, plante er den Sturz der Republik; er wollte auch Sklavenaufstände hervorrufen, nur um das Land ins Chaos zu stürzen. Er kandidierte für das Amt eines Konsuls, indem er populistische Parolen verbreitete, und als er

die Wahl verlor, gab er keineswegs auf, sondern unternahm einen Umsturzversuch und griff seine politischen Gegner an, darunter wahrscheinlich auch Cicero. Als Cicero Catilina all das in Anwesenheit römischer Senatoren vorhielt, schreckte er auch nicht davor zurück, die allgegenwärtige Korruption zu verurteilen.

Denn was sind das für Zeiten, in denen ein unehrlicher Mensch so viel Böses tun kann?!

Doch die Wahrheit ist, dass es gemeine Menschen, die gemeine Taten begehen, schon immer gegeben hat und geben wird. Deshalb werden Ciceros Worte meistens mit einem Hauch von Ironie zitiert.

59

AMOR VINCIT OMNIA

Vergil preist die Liebe

Der bereits erwähnte römische Dichter Vergil brachte in seiner berühmten Bukolik – das sind zehn Hirtengedichte, die auch Eklogen genannt werden – in einer sehr überschwänglichen Form seine Emotionen und Gefühle zum Ausdruck, und zwar sowohl gegenüber seinen Verwandten als auch zu seiner Heimat. Aus einem dieser kurzen Gedichte stammt der berühmte Satz: **Liebe besiegt alles.**

Die Last der Interpretation dieses Gedankens nahm der Italiener Michelangelo Merisi, genannt Caravaggio, auf seine Schultern – oder besser: auf seinen Pinsel. Sein Gemälde *Amor als Sieger* ist auch unter einem zweiten Titel bekannt: ebenjenem **AMOR VINCIT OMNIA**.

Der darauf abgebildete mythische Liebesgott hat eine frivole Pose angenommen, sein Lächeln ist verschmitzt, sogar leicht unverschämt, und das Einzige, was ihn von einem typischen Hinterhof-Rowdy unterscheidet, sind riesige dunkle Flügel, die aus seinem Rücken wachsen. In der Hand hält er zwei Pfeile mit unterschiedlichen Spitzen. Der Mythos besagt, dass dem, den er mit einem bleiernen Pfeil trifft, eine erfüllte Liebe bevorsteht, und den, der von einem hölzernen Pfeil getroffen wird, eine unglückliche erwartet. Das Wichtigste aber ist das, was Amor vor sich hat: Auf dem Boden liegen ein Zepter, Bücher, Notenblätter, eine Rüstung und ein Lorbeer – Symbole aller Bereiche des menschlichen Handelns. Amor triumphiert über sie, es sind seine Trophäen. Denn Liebe ist der Antrieb zu allen menschlichen Aktivitäten. Sie initiiert alles, sie besiegt alles. Liebe ist einfach eine Macht, und basta!

AMICORUM OMNIA COMMUNIA

Pythagoras berechnet die Freundschaft

Mit dem Begriff »Freundschaft« ging Pythagoras so um, wie es sich für einen Mathematiker gehört – indem er mit Zahlen und Mengen operierte. Dabei behauptete er: **Freunden ist alles gemeinsam**.

Zu diesem Thema hatte er allerdings noch viel mehr zu sagen. Er bediente sich zum Beispiel gern der Formulierung, ein Freund sei »einer, der ein anderes Ich ist, wie 220 und 284«. Das klingt geheimnisvoll, doch die Erklärung dafür steckt in seiner Theorie der befreundeten Zahlen, also der Zahlenpaare, von denen jede die Summe aller Teiler der anderen ist. Anders gesagt, zwei Zahlen sind befreundet, wenn die Summe der Teiler jeder von ihnen die andere ergibt. Sie sind anders und doch einander so nahe – wie echte Freunde.

Alle Teiler der Zahl 220, also 1, 2, 4, 5, 10, 11, 20, 22, 44, 55, 110, ergeben zusammen die Zahl 284.

1 + 2 + 4 + 5 + 10 + 11 + 20 + 22 + 44 + 55 + 110 = 284.

Alle Teiler der Zahl 284, also 1, 2, 4, 71 und 142, ergeben zusammen die Zahl 220.

1 + 2 + 4 + 71 + 142 = 220.

KURZ, ABER PRÄGNANT

Über Willkommene, Unerwünschte und solche, die ganz plötzlich hereinplatzen

PERSONA NON GRATA

Also **eine unerwünschte Person**. Dieser Begriff bezieht sich auf einen Diplomaten, der gegen die Gesetze eines Landes verstoßen hat und daraufhin aufgefordert wurde, sein Territorium zu verlassen. In der Umgangssprache wird er manchmal in Bezug auf Personen verwendet, die in einer bestimmten Gruppe nicht willkommen sind. Man kann also sagen, dass Catilina nach Ciceros Rede im Senat zur *persona non grata* wurde.

ARBITER ELEGANTIARUM

Das heißt: **ein Schiedsrichter der Feinheit**, jemand, der gebildet und belesen ist und sensibel auf die Nuancen eines Kunstwerks reagiert. Exzellent gekleidet, gut erzogen, mit tadellosem Aussehen. Diese Worte wurden erstmals von dem römischen Historiker Tacitus in Bezug auf Gaius Petronius verwendet. Letzterer war ein römischer Philosoph, Dichter und Politiker und vor allem ein Berater von Kaiser Nero in Sachen Geschmack und Stilempfinden. Wobei natürlich – wie die lateinische Sentenz besagt – gilt: **DE GUSTIBUS NON EST DISPUTANDUM,** also Über Geschmack lässt sich nicht streiten.

GAIUS PETRONIUS

DEUS EX MACHINA

Wörtlich: **Gott aus der Maschine**. Es ist ein Theatertrick, der von Euripides, einem der größten Dramatiker des antiken Griechenlands, bekannt gemacht wurde. Wenn sich die Handlung eines Stücks so verdichtete, dass es schien, als würde es eine Ewigkeit dauern, alle Handlungsstränge zu lösen, schickte Euripides einen Gott auf die Bühne – gespielt von einem Schauspieler, der an Seilen heruntergelassen wurde –, der im Handumdrehen alle Probleme löste und die Vorstellung beendete. Wenn wir heute also sagen, dass etwas wie **Deus ex machina** aufgetaucht sei, meinen wir damit, dass sich ganz unerwartet eine Lösung gefunden hat.

PERICULUM IN MORA KONTRA FESTINA LENTE

Handle langsam, aber zögere nicht!

Lateinische Sentenzen enthalten viele gute, wenn auch oft widersprüchliche Ratschläge. In Wirklichkeit schließen sie einander aber gar nicht aus, sondern ergänzen sich gegenseitig und helfen uns, unser Leben und Handeln aus unterschiedlichen Perspektiven zu betrachten.

Die Sentenz **Gefahr liegt im Verzug** zum Beispiel ist eine Warnung vor zu langem Zögern. Denn nichts dauert ewig, der richtige Moment, eine Entscheidung zu treffen, geht vorüber, und wenn wir alles auf später verschieben, können wir schnell, salopp gesagt, in die Scheiße greifen.

Die Aussage der Sentenz **Eile mit Weile** widerspricht nur scheinbar der Bedeutung der vorherigen Maxime. Diese Worte wurden von Sueton (wie der römische Schriftsteller Gaius Suetonius Tranquillus meist genannt wird) dem bereits erwähnten Octavian Augustus zugeschrieben. Auf den ersten Blick bilden sie ein Oxymoron, das heißt eine Zusammenstellung zweier gegensätzlicher Begriffe. Doch das ist ebenfalls nur ein Schein. Denn auch schnelles Handeln muss gut überlegt werden.

Gibt es also eine Schlussfolgerung, die sich aus der Gegenüberstellung dieser beiden Sentenzen ergibt? Vielleicht diese: Anstatt zu zögern, setz auf eine geduldige Verfolgung deines Ziels.

SUSTINE ET ABSTINE KONTRA VOLUPTAS PRINCIPIUM AC FINIS BEATAE VITAE

Leiden oder glücklich sein?

Es kommt manchmal vor, dass in einer Sentenz die Gesamtheit der philosophischen Ansichten ihres Autors zusammengefasst ist. Und diese können – wie im Falle von Epiktet und Epikur – sehr unterschiedlich sein.

Der erste von ihnen, ein römischer Philosoph, war ein Stoiker. Er war der Meinung, dass man sich im Leben von der Vernunft leiten lassen, die Emotionen im Zaum halten und alle Triebe unterdrücken sollte. Ein tugendhafter Mensch sollte weder über Erfolge sonderlich erfreut noch über Misserfolge traurig sein.

»Aber was ist das für ein Leben?«, würde wohl darauf der griechische Philosoph Epikur antworten. Er betrieb seine Philosophenschule in einem Garten, den man durch ein Tor mit der Aufschrift betrat: »Fremder, hier wirst du es gut haben. Hier ist die Lust das höchste Gut.«

Ein Thema, das Epikur am liebsten erkundete, war das Glück, dessen Quelle er im Vergnügen sah. Am kürzesten gesagt: Er betrachtete alles Unangenehme und Schmerzhafte als schlecht und alles Angenehme als gut. Sein Rat war also ganz einfach: Minimieren wir den Schmerz und streben wir das an, was Spaß macht. Epiktet sagte: Ertrage und entsage, weil nur die Unterdrückung der Wünsche und Sehnsüchte Glück bringen kann. Und Epikur argumentierte: Genuss ist das Prinzip und Ziel eines glücklichen Lebens.

Vielleicht liegt der richtige Weg zum Glück also irgendwo zwischen diesen beiden Pfaden? Da gab es doch auch noch die Regel der goldenen Mitte. Sie wird sich auch hier bestätigen!

FORTES FORTUNA ADIUVAT KONTRA QUIDQUID AGIS, PRUDENTER AGAS ET RESPICE FINEM

Mutige gegen Umsichtige

»Den Mutigen gehört die Welt« – dieses bis zum Gehtnichtmehr wiederholte und allen bekannte Sprichwort hat seine lateinische Entsprechung: Sie stammt von Terentius und bedeutet **Den Tapferen hilft das Glück**. Aber Latein wäre nicht Latein, hätten diese Worte nicht ihr Spiegelbild. Und da haben wir es auch schon: **Was du auch tust, tu es klug und bedenke das Ende.**

Wem gehört also letztlich die Zukunft dieser Welt? Den Mutigen oder den Umsichtigen? Es wäre wohl für alle am besten, wenn die einen und die anderen die Welt zu gleichen Teilen unter sich aufteilen könnten.

HOMO HOMINI LUPUS KONTRA
MANUS MANUM LAVAT

Feinde oder Verbündete?

Griechische Dramatiker wussten sehr gut, dass der Mensch egoistisch und perfide sein kann. Plautus, der berühmteste lateinische Komödienautor, enthüllte in *Asinaria*, also einer »Eselskomödie«, mit viel Witz und Leidenschaft die dunkelsten Winkel der menschlichen Natur. Die Zusammenfassung seiner Überlegungen zu diesem Thema ist der berühmte Spruch: **Der Mensch ist dem Menschen ein Wolf.**

Obwohl Menschen tatsächlich oft miteinander streiten, sind sie doch auch imstande, sich gegenseitig zu unterstützen und zusammenzuarbeiten. Die Worte **Eine Hand wäscht die andere**, die diesen Umstand umschreiben, offenbaren wiederum eine andere menschliche Schwäche: Viele Menschen helfen anderen gern, aber nur unter der Bedingung, dass sie etwas davon haben …

KURZ, ABER PRÄGNANT

**Über Empfehlungen, Wegweiser,
Zeichen und Warnungen**

DIE EINTAGSFLIEGE
LEBT EINEN TAG.

CARPE DIEM!

Wörtlich: **Nutze den Tag!** Das heißt, genieße den Augenblick! Die Worte, die einer Ode Horaz' entnommen wurden,
spiegeln perfekt die epikureische Einstellung zum Leben
wider.

VADE MECUM

Eine Redewendung, die wörtlich **Komm mit mir** bedeutet.
Von ihr leitet sich das Wort **VADEMECUM** ab, das für
ein Handbuch oder ein Wissenskompendium zu einem
bestimmten Thema steht.

NOMEN EST OMEN

Das heißt: **Der Name ist ein Zeichen**. Wir sagen es, wenn wir darauf hinweisen wollen, dass der Name den Merkmalen eines Menschen, einer Sache oder eines Ortes entspricht.

ALDONA PUDEL

VORSICHT HUND!

CAVE CANEM

Es bedeutet **Hüte dich vor dem Hund**. Dieser Spruch wurde in der Antike auf Bodenmosaiken vor den Häusern angebracht. Eine Entsprechung des heutigen Schilds »Vorsicht, bissiger Hund«.

PRIMUM NON NOCERE

Manchmal ist es besser, nichts zu tun

Der medizinische Grundsatz **Zuerst einmal nicht schaden** wurde vor zweieinhalbtausend Jahren formuliert. Seine Autorschaft wird dem griechischen Arzt Hippokrates zugeschrieben, der auch als »Vater der Medizin« gilt. Er soll der Erste gewesen sein, der zu dem Schluss kam, dass Krankheiten, von denen die Menschen geplagt werden, nicht durch den Zorn der Götter oder die Macht eines Fluchs verursacht werden, sondern durch Faktoren, die in der Umwelt und in unseren Gewohnheiten zu suchen sind.

Den Arztberuf lernte er bei seinem Vater, Heraklides, sowie auf seinen Reisen durch Kleinasien und Ägypten. Daher ist es denkbar, dass er die Maxime **PRIMUM NON NOCERE** von einem anderen bedeutenden Arzt übernommen hat – dem Ägypter Imhotep.

Dieser Satz erinnert die Ärzte an den möglichen Schaden, den man bei der Behandlung eines Patienten anrichten kann; er hilft ihnen auch, sich für die richtige Behandlungsmethode zu entscheiden. Um dem Patienten nicht zu schaden, ist es manchmal sogar besser, gar nichts zu tun. Es ist zwar eine Maxime der Ärzte, aber wenn jeder von uns sie sich zu Herzen nähme, wäre die Welt vielleicht besser, oder?

MENS SANA IN CORPORE SANO

Bewegung für die Seele

Sport ist gesund. Das ist zwar ein abgedroschener Spruch, aber es lohnt sich trotzdem, oft daran zu denken, dass Bewegung nicht nur für unsere körperliche Verfassung gut ist, sondern sich auch positiv auf unsere Psyche auswirkt.

Sie reduziert den Stress und verbessert die Schlafqualität, wodurch wir uns tagsüber besser fühlen. Die Wissenschaft hat rausgefunden, dass Menschen, die täglich mindestens zehn Minuten lang Sport treiben, fröhlicher sind als diejenigen, die sich überhaupt nicht bewegen.

Solche wiederum, die aus Faulheit oder anderen Gründen ihre Beweglichkeit auf ein Minimum beschränken, sind einem höheren Risiko ausgesetzt – die Bewegungslosigkeit kann zu Depressionen führen. Also los, bewegen wir uns, denn: **Ein gesunder Geist wohnt in einem gesunden Körper**. Heute haben wir wissenschaftliche Beweise dafür, doch für die Menschen der Antike war das auch ohne sie offensichtlich.

MEDICUS CURAT NATURA SANAT

Durch die Natur zur Gesundheit

Und wieder lässt Hippokrates grüßen, der in wenigen ein-
fachen Worten eine unwiderlegbare Wahrheit ausdrückt.
Denn dem Gedanken, **der Arzt behandelt, die Natur heilt**,
kann man kaum widersprechen.

Eine Mahlzeit aus gesunden, natürlichen Produkten, ein
Spaziergang im Wald oder ein paar tiefe Atemzüge am
Strand können in Bezug auf unser Wohlbefinden Wunder
bewirken. Nicht zufällig empfehlen Ärzte ihren Patienten
auch heute – obwohl jeder Medizinbereich über moderne
Geräte, präzise Diagnostikmethoden und immer wirk-
samere Medikamente und Therapien verfügt – natürliche
Mittel und Methoden, die ihren Gesundheitszustand
verbessern sollen. Auf der einen Seite gehören dazu Kräuter
und unverarbeitete, vitaminreiche, pflanzliche Lebens-
mittel, auf der anderen verschiedene Formen natürlicher
Therapien.

Zootherapie zum Beispiel. Sie umfasst Aktivitäten, an denen
Tiere teilnehmen, zum Beispiel Hunde (Hundetherapie) oder
Pferde (Hippotherapie). Die Gartentherapie basiert auf der
Annahme, dass der Umgang mit Pflanzen sich positiv auf
die geistige und körperliche Verfassung des Menschen auswirkt. Den Grundsätzen der Sylvotherapie zufolge trägt vor
allem der Kontakt mit Bäumen zur Stärkung der Gesundheit bei. All diese Methoden ergänzen die Arbeit der Ärzte –
die Natur unterstützt unseren Heilungsprozess, lässt uns
Kraft tanken und bringt uns ins normale Leben zurück.

KURZ, ABER PRÄGNANT

Über das Unbekannte

HIC SUNT LEONES

Wörtlich: **Hier sind Löwen**. Früher diente diese Formulierung dazu, noch unentdeckte, unbekannte und damit oft gefährliche Gebiete auf der Landkarte zu markieren. Deshalb beschloss auch der polnische Skifahrer Andrzej Bargiel, so sein Projekt zu nennen, im Rahmen dessen er von den höchsten Gipfeln der Erde abfährt. Logisch – schließlich legt er seine Skier dort an, wo es bis dahin noch niemand getan hat.

TERRA INCOGNITA

Das heißt: **Ein unbekanntes Land**. So kann man auch
ein Gebiet bezeichnen, von dem wir keine Ahnung haben,
das für uns neu und rätselhaft ist.

TABULA RASA

Bedeutet wörtlich: **Eine abgeschabte Tafel**. So bezeichnete
Aristoteles das noch mit keinem Wissen belastete Kinder-
gehirn, das umso dichter »beschrieben« wird, je mehr
Erfahrungen dieses Kind sammelt. Damit bezog er sich auf
die wachsüberzogenen Tafeln, die von den alten Griechen
und Römern zum Schreiben benutzt wurden. Bevor nämlich
jemand mit einem Stift auf sie etwas gekritzelt hatte,
waren sie völlig sauber und glatt.
Wenn also etwas eine **TERRA INCOGNITA** darstellt, bedeutet es, dass man in diesem Thema eine **TABULA RASA** ist.

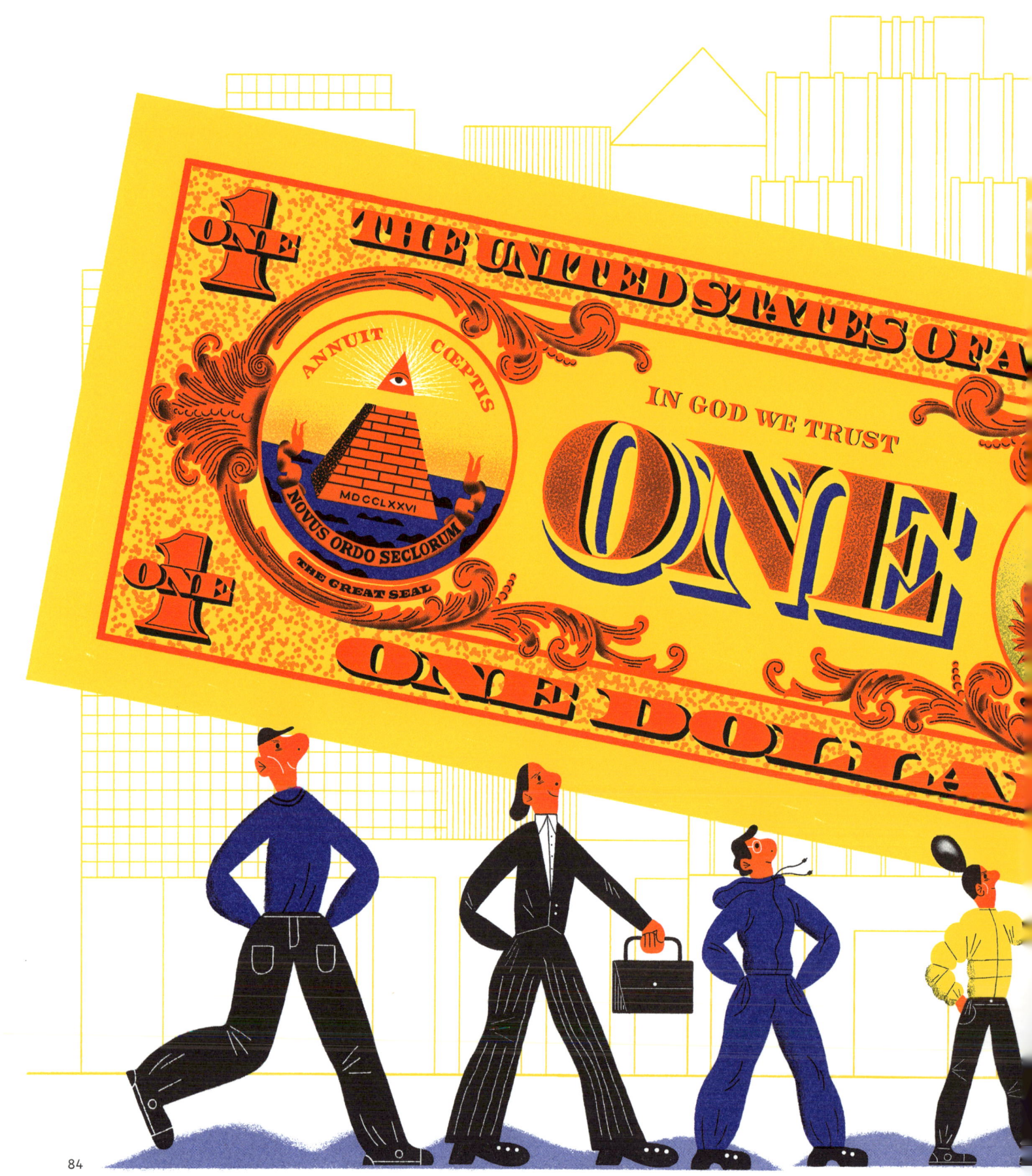

VII. Geld

E PLURIBUS UNUM

Über die Entstehung der Vereinigten Staaten

Habt ihr schon mal einen Dollarschein gesehen? Er ist eine wahre Fundgrube, wenn es um lateinische Zitate geht!

Er trägt auch viele Symbole, die auf die Ursprünge der amerikanischen Staatlichkeit verweisen: eine Pyramide mit abgeschnittener Spitze, die das Land in seiner Entstehungsphase symbolisiert zum Beispiel. Das mit römischen Ziffern geschriebene Jahr 1776 (MDCCLXXVI), in dem Amerika seine Unabhängigkeit erklärte. Oder zwei lateinische Sätze, die von Vergil entlehnt sind: **ANNUIT COEPTIS**, das heißt: **Er ist unseren Unternehmungen gewogen**, und **NOVUS ORDO SECLORUM** – **Eine neue Ordnung der Zeitalter**. Es sind Slogans, die gewissermaßen die Gründung der Vereinigten Staaten von Amerika legitimieren.

Direkt daneben prangt ein Adler – mit einem Schild, einem Olivenzweig und dreizehn Pfeilen. Auf der Schriftrolle, die er im Schnabel hält, ist zu lesen: **E PLURIBUS UNUM**, was **Aus vielen eines** bedeutet. Es war die Grunddevise der aufstrebenden amerikanischen Nation, die ja infolge der Bemühungen von Vertretern verschiedener Nationen und Religionen entstand.

NOTABENE

Die Motive auf dem Dollarschein entstammen dem Großen Siegel der Vereinigten Staaten. Es ist kein Zufall, dass sich in den Fängen des Adlers dreizehn Pfeile befinden und dass der Spruch **E PLURIBUS UNUM** aus dreizehn Buchstaben besteht. Dreizehn bezieht sich nämlich auf die Anzahl der britischen Kolonien, die gegen die Krone rebelliert haben.

PECUNIA NON OLET

Geld ist Geld

Kaiser Vespasian, dem Sueton diese Worte zuschreibt, versuchte mit ihnen seinen Sohn Titus davon zu überzeugen, dass eine bestimmte Art, die Staatskasse aufzufüllen, so gut sei wie jede andere.

Laut der ersten der beiden Anekdoten, die darüber kursieren, rechtfertigte er damit die Einführung einer Steuer auf öffentliche Toiletten. In der zweiten geht es um etwas, was als Gegenstand der Besteuerung noch umstrittener war: Urin. Der Kaiser besteuerte ihn, um zusätzliche Gelder von den Gerbern aufzutreiben, die Urin sammelten, um ihn später für die Reinigung des Leders zu verwenden.

Als sein Sohn diese Aktion kritisierte, hielt ihm der Kaiser die Steuergelder unter die Nase und fragte ihn, ob ihn der Geruch störe. Als Titus das verneinte, soll Vespasian etwas in dieser Art gesagt haben: »Aber es ist Uringeld. Siehst du? **Geld stinkt nicht.**«

Heute wird diese Formulierung in einer Situation verwendet, in der man eine bestimmte Art des Geldverdienens rechtfertigen will. Lässt sich jede Methode so begründen? Das soll jeder selbst beurteilen.

NOTABENE

Das lateinische Wort für Geld, **PECUNIA**, kommt von **PECUS**, was **Vieh** bedeutet. Es ist ein Überbleibsel jener Zeit, in der es noch kein Geld gab und der Handel auf dem Austausch von Waren basierte – darunter auch von Vieh, das ein beliebtes Wertmaß war.

TOLLE PECUNIAM, BELLA SUSTULERIS

Über die Ursache von Kriegen

Der Autor dieser Worte, Quintilian, war ein römischer Rhetoriker, sprich: ein Meister der Kunst, eine überzeugende Äußerung zu formulieren. Er befasste sich nicht nur damit, selbst Reden zu halten und schriftliche Erklärungen zu verfassen, sondern brachte es auch anderen bei.

In einer seiner Abhandlungen schrieb Quintilian über die Ursache aller Kriege und Verbrechen. Seiner Meinung nach haben alle bösen Taten, die von Räubern, Piraten und anderen Schurken begangen werden, eine gemeinsame Quelle: die Gier nach Macht und Besitz, die die Menschen nicht kontrollieren können. Da ihr Hauptmotiv das Geld sei, lautet Quintilians Rat: **Schaffe das Geld ab, und du hast Kriege abgeschafft.**

Wobei er unter Krieg alles Böse versteht, das in der Welt passiert.

KURZ, ABER PRÄGNANT

Über das gewisse »Etwas«

GENIUS LOCI

Wörtlich: **Der Geist des Ortes**, also etwas, was den Ort
einzigartig macht. Das kann eine besondere Atmosphäre
sein, eine Palme mitten im Zimmer oder einfach ein
außergewöhnlich netter Gastgeber.

AXIS MUNDI

Wörtlich: **Die Achse der Welt**. Nach altem Glauben war das etwas, was sich in der Mitte der Welt befand und die Stabilität des gesamten Kosmos garantierte. Für die einen war es ein Berg, für die anderen ein Baum oder eine riesige Säule, die das Himmelsgewölbe stützte.

CORPUS DELICTI

Wörtlich: **Körper des Verbrechens**, also ein Beweisstück, das von einem Verbrechen zeugt oder auf denjenigen hinweist, der es begangen hat. Es kann zum Beispiel ein blutiges Messer oder ein Schuhabdruck auf der Erde sein.

HORAS NON NUMERO, NISI SERENAS

Und doch zählen die Glücklichen die Zeit

Sonnenuhren gehören zu den ältesten Messinstrumenten der Weltgeschichte. Das Funktionsprinzip basiert auf dem sich täglich verändernden Sonnenstand. Ein unbeweglicher Zeiger, auf den das Sonnenlicht fällt, wirft einen Schatten auf die Zeitskala, die auf die Erde oder auf eine Mauer gezeichnet ist – so lässt sich die aktuelle Tageszeit bestimmen.

Na gut, aber was hat das mit Latein zu tun?

Nun, die obige Sentenz, die so viel bedeutet wie **Ich zähle keine Stunden, wenn sie nicht heiter sind**, wurde oft an die Sonnenuhren geschrieben, wodurch sie übrigens eine doppelte Bedeutung bekam: Wörtlich genommen besagt sie, dass es keinen Sinn hat, sich an Trauriges und Unangenehmes zu erinnern. Doch die Platzierung an einer Sonnenuhr gibt ihr eine weitere Aussage – schließlich ist es ziemlich schwierig, an diesem Instrument die Zeit abzulesen, wenn es bewölkt ist!

NOTABENE

Es gibt noch eine weitere Sentenz, die auf Sonnenuhren zu finden war: TEMPUS FUGIT, AETERNITAS MANET, das heißt, Die Zeit vergeht, die Ewigkeit bleibt. Aber die direkteste und brutalste Botschaft wurde an mechanischen Uhren angebracht und bezog sich auf die Stunden: VULNERANT OMNES, ULTIMA NECAT – Alle Stunden verletzen, die letzte tötet.

AMICI, DIEM PERDIDI!

Keine Zeit zu verlieren

Titus Flavius, Sohn des Kaisers Vespasian, war nur zwei Jahre Kaiser von Rom. Kurz, doch in dieser Zeit passierte recht viel im Kaiserreich: Der Vulkan Vesuv brach aus, Rom wurde von einem großen Brand verwüstet, die Menschen wurden von einer tödlichen Seuche geplagt. Trotz all dieser Katastrophen blieb Titus eine Personifizierung der Ruhe und Sanftmut. Er genoss den Ruf eines verständnisvollen Herrschers, dem das Wohl anderer immer am Herzen lag. Er war so hilfsbereit, dass er einmal, als er beim Zubettgehen feststellte, dass er an diesem Tag nichts Gutes für andere getan hatte, ausrief: **Freunde, ich habe einen Tag verloren!**

So sieht ein nicht nur anständiger, sondern auch wünschenswerter Herrscher aus!

AB OVO USQUE
AD MALA

Vom Start bis zum Ziel

Kann eine Mahlzeit als Maßeinheit gelten? Bei den alten Römern ist alles möglich. Ihre Festessen dauerten nächtelang und zogen sich manchmal sogar über mehrere Tage hin. Lassen wir den Mantel des Schweigens darüber fallen, was währenddessen passierte, und sagen wir nur, dass sie immer auf die gleiche Art begannen und endeten. Zu

Beginn, als Vorgericht, wurden Eier serviert und zum Schluss, als Nachtisch, Äpfel. Diese Festessen dauerten somit **vom Ei bis zu den Äpfeln**, also von der Vorspeise bis zum Dessert. Oder einfach – wie diese Sentenz heute übersetzt wird – vom Anfang bis zum Ende.

KURZ, ABER PRÄGNANT

Über die Zeit und das Schicksal

PANTA RHEI

Die Worte **Alles fließt** stammen von Heraklit, der behauptete, dass alles in der Welt veränderlich sei. Achtung!
Dieser Spruch kommt aus dem Griechischen!

AD CALENDAS GRAECAS

»Kalenden« ist ein Begriff, mit dem in römischer Zeit-rechnung der erste Tag eines jeden Monats bezeichnet wurde. Im griechischen Kalender funktionierte er aber nicht. Der Ausdruck **Bis zu den griechischen Kalenden** oder **An den griechischen Kalenden** bedeutet daher so viel wie »in unbestimmter Zeit«. Wie das deutsche »Am Sanktnimmerleinstag«.

AMOR FATI

Das heißt: **Liebe zum Schicksal**. Diese philosophische Maxime drückt die Akzeptanz für das eigene Leben aus, insbesondere dafür, dass es sowohl Gutes als auch Schlechtes mit sich bringt.

MEMENTO MORI

Denk an das Unvermeidliche

Bedenke, dass du sterben wirst – Worte, die einen sofort von den Socken hauen. So waren sie übrigens auch gedacht. Der Spruch **MEMENTO MORI** soll mit Genuss von allen möglichen Mönchen, von den Kamaldulensern bis zu den Trappisten, wiederholt worden sein. Diese Worte bilden auch eines der wichtigsten Motive der mittelalterlichen Literatur und Kunst, wo sie in den verschiedensten Formen illustriert wurden – in Begleitung eines Schädels, einer Sanduhr, eines menschlichen Skeletts oder welker Schnittblumen. In diesem Satz steckt eine starke Botschaft: Es hat keinen Sinn, zu sehr nach materiellen Gütern zu streben und auf das Diesseits zu achten. Jeden von uns erwartet der Tod, und wenn er kommt, werden alle unsere Angelegenheiten keine Rolle mehr spielen und in Vergessenheit geraten.

NOTABENE

Es gibt noch eine Sentenz, die – obwohl viel früher entstanden – nicht minder treffend die Einstellung der Menschen des Mittelalters und des Barocks zum Tod wiedergab. Es ist ein Zitat aus dem Buch Kohelet: **VANITAS VANITATUM, ET OMNIA VANITAS**, das heißt: **Eitelkeiten der Eitelkeiten, und alles ist Eitelkeit**. Alles vergeht, unsere Freuden sind nur flüchtige Momente, und am Ende werden wir sowieso sterben – eine Botschaft, die den dunklen Geist des Mittelalters und die Ängste des Barocks perfekt widerspiegelt.

AVE CAESAR, MORITURI TE SALUTANT

Der letzte Gruß

Gladiatorenkämpfe zu beobachten, war eine der beliebtesten Zerstreuungen der alten Römer. Die meisten Arenakämpfer waren Sklaven und Kriegsgefangene, aber es gab unter ihnen auch Kriminelle und sogar arme Menschen, denen diese Kämpfe halfen, über die Runden zu kommen.

Es wird allgemein angenommen, dass die Gladiatoren vor jedem Kampf an den Kaiser die Worte richteten: Heil dir Cäsar, die Todgeweihten grüßen dich. In den römischen historischen Schriften hat sich jedoch nur eine einzige Notiz über diesen Ruf erhalten. So soll Kaiser Claudius vor einer Naumachie begrüßt worden sein – einer nachgestellten Seeschlacht, die im Jahr 52 n. Chr. auf dem Fuciner See stattfand.

Ob die Gladiatoren also den Kaiser wirklich auf diese Weise begrüßten und ob immer oder nur in bestimmten Situationen – darüber herrscht keine Gewissheit. Doch das ändert nichts an der Tatsache, dass der Ausdruck allgemein in Büchern und Filmen über das alte Rom verwendet wird.

AEQUAT OMNES CINIS. IMPARES NASCIMUR, PARES MORIMUR!

Angesichts des Todes sind alle gleich

Was Seneca der Jüngere schrieb und woran er glaubte, spiegelte sich in seinem Alltag wider. Außerdem starb er so, wie er gelebt hatte, und sein Tod illustrierte gewissermaßen eine der bekanntesten Sentenzen seiner Autorschaft: **Asche macht alle gleich. Ungleich werden wir geboren, gleich sterben wir!**

Er war der Sohn von Seneca dem Älteren, der auch Seneca Rhetor genannt wurde und eine Geschichte Roms schrieb. Aufgrund seiner Herkunft und Bildung stand Seneca dem Jüngeren der Weg zum Hof des Kaisers offen. Er war Erzieher, dann Berater von Nero, und in den Jahren, die er an seiner Seite verbrachte, gelang es ihm, eine starke Position zu erreichen. Im Alter von fünfundsechzig Jahren und obwohl er nicht mehr am politischen Leben teilnahm, wurde er allerdings von Nero beschuldigt, an der Planung eines Attentats auf sein Leben beteiligt gewesen zu sein. Zur Strafe wurde ihm befohlen, Selbstmord zu verüben.

Seneca schnitt sich die Adern auf, doch sein schlechter Gesundheitszustand bewirkte, dass kaum Blut aus ihnen floss. Er soll auch Gift genommen haben, aber auch dieses hat nicht gewirkt. Schließlich stieg er in eine Badewanne mit heißem Wasser, um so die Blutung zu beschleunigen. Als er starb, wurde sein Körper verbrannt. Seine Beerdigung war – wie er es sich gewünscht hatte – von keinerlei Ritualen begleitet. Er verbrachte sein Leben in den höchsten Kreisen und endete wie jeder Mensch – zu Staub geworden.

DE MORTUIS NIL NISI BENE

Die Stille über dem Grab

Es hat sich eingebürgert, dass man über die Toten nicht schlecht reden sollte. Würden wir jedoch diesen Grundsatz hundertprozentig respektieren, wäre es schwierig, über einige von ihnen überhaupt etwas zu sagen …

Das Prinzip Über Tote rede man nur gut wurde sogar – wenn auch aus einem anderen Grund – vom Schöpfer der Psychoanalyse, Sigmund Freud, scharf kritisiert. In seinem Essay *Zeitgemäßes über Krieg und Tod* schrieb er nicht ohne Ironie, dass der Respekt, den wir für die Toten hegen, ihnen nichts mehr nutze, für uns aber oft wichtiger sei als die Wahrheit und der Respekt vor den Lebenden.

Als Autor dieses Aphorismus gilt der griechische Philosoph Chilon von Sparta. Wenn man allerdings von ihm im Zusammenhang mit dem Tod spricht, sollte man auch erwähnen, dass Chilon gewissermaßen vor Freude starb. Die Legende besagt nämlich, dass er den Geist aufgab, während er seinem Sohn zu dessen Sieg im Boxen bei den Olympischen Spielen gratulierte. Über einen solchen Vater kann man wirklich kein schlechtes Wort sagen.

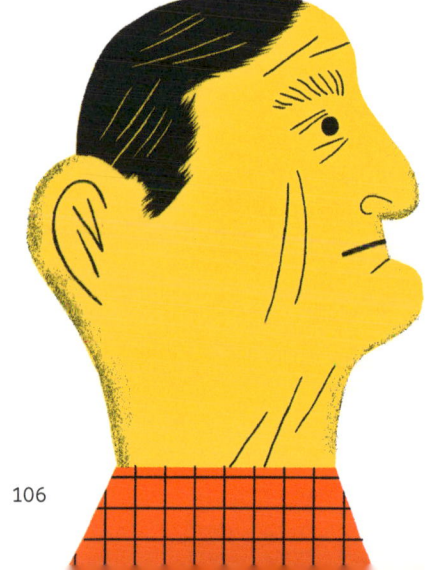

KURZ, ABER PRÄGNANT

Über das Leben nach dem Tod

R. I. P.

Es ist die Abkürzung von **REQUIESCAT IN PACE**, was mit
Ruhe in Frieden übersetzt wird. Man kann es als Inschrift
auf Grabsteinen sehen und bei Begräbniszeremonien hören.
Interessanterweise verbirgt sich hinter der Abkürzung auch
die englische Version dieser Redewendung: *Rest in peace*.

SIT TIBI TERRA LEVIS

Das heißt: **Möge dir die Erde leicht sein**. Es ist eine Alternative zu R. I. P., die an denselben Orten zu finden und
bei denselben Gelegenheiten zu hören ist.

TEMPUS EDAX RERUM

Wörtlich: **Die Zeit frisst die Dinge**. Eine Redewendung, die von Ovid geprägt wurde. Sie erinnert daran, dass mit der Zeit alles unwiederbringlich vergeht: Das Holz vermodert, die Menschen werden alt, die Dinge gehen kaputt.

NON OMNIS MORIAR

Bedeutet: **Nicht ganz werde ich sterben**. Es ist ein Zitat aus der *Ode III* von Horaz, deren Thema die Unsterblichkeit der Kunst ist. Der Künstler stirbt nicht »ganz«, weil er seine Werke hinterlässt.

ZUZANNA KISIELEWSKA, Autorin und Journalistin, studierte Anthropologie und Europawissenschaften. Sie ist Schlagzeugerin in einer Rockband und veranstaltet regelmäßig Musikworkshops für Kinder.

AGATA DUDEK und **MAŁGORZATA NOWAK** arbeiten als Grafikerinnen und Illustratorinnen. Sie studierten beide an der Warschauer Kunstakademie. 2012 haben sie das *Acapulco Studio* gegründet und arbeiten hier in den unterschiedlichsten Techniken für eine Vielzahl von Medien und Firmen. Sie wurden mit zahlreichen polnischen und internationalen Preis ausgezeichnet.

MARTA KIJOWSKA, geboren 1955 in Krakau, lebt seit Jahren in Deutschland und ist Journalistin, Sachbuchautorin und literarische Übersetzerin aus dem Polnischen.

Die Originalausgabe erschien 2020 unter dem Titel *Nolens volens czyli Chcąc nie chcąc. Prawie 100 sentencji łacińskich i kilka greckich* bei Wydawnictwo Druganoga Agata Loth-Ignaciuk, Warschau.

 Dieses Buch wurde mit Unterstützung des ©POLAND Translation Programme herausgegeben.

Das Hörbuch erscheint bei der Hörcompany, gelesen von Gerhard Garbers

 *HANSER hey! Schau vorbei und teile dein Leseglück auf Instagram*

1. Auflage 2023

ISBN 978-3-446-27725-0 | Text © Zuzanna Kisielewska I Illustrationen © Agata Dudek und Małgorzata Nowak, Acapulco Studio | Alle Rechte der deutschen Ausgabe: © 2023 Carl Hanser Verlag GmbH & Co. KG, München | Umschlag: formlabor, Hamburg, unter Verwendung von Illustrationen von Agata Dudek und Małgorzata Nowak, Acapulco Studio | Satz im Verlag, Iris Kochinka | Druck und Bindung: TBB, a. s., Banská Bystrica | Printed in Slovak Republic

 **MIX**
Papier | Fördert gute Waldnutzung
FSC® C022120